LE

COMITÉ DES ACTIONNAIRES

DE LA

CAISSE GÉNÉRALE

DES CHEMINS DE FER

A

M. J. MIRÈS

1861

LE
COMITÉ DES ACTIONNAIRES

DE LA

CAISSE GÉNÉRALE

DES CHEMINS DE FER

A

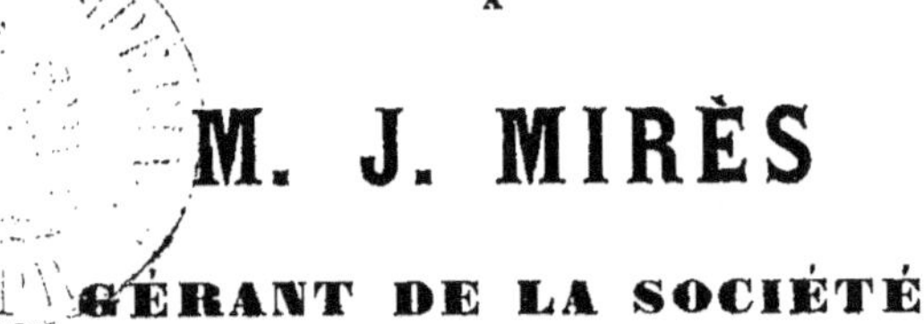

M. J. MIRÈS

GÉRANT DE LA SOCIÉTÉ

PARIS

TYPOGRAPHIE MORRIS ET COMPAGNIE

RUE AMELOT, 64

1861

LE

COMITÉ DES ACTIONNAIRES

DE LA

CAISSE GÉNÉRALE DES CHEMINS DE FER

A M. J. MIRÈS

GÉRANT DE LA SOCIÉTÉ

Monsieur,

Cinq cent cinquante actionnaires de la Caisse générale des chemins de fer, porteurs de quinze mille titres, ont cru devoir se réunir et former un comité pour veiller à leurs intérêts communs.

Vous n'avez pas, que nous sachions, réuni jamais, dans les assemblées générales qui ont consacré votre gestion, ni un pareil nombre de titres ni un pareil nombre de suffrages.

En répondant à la lettre que vous nous avez écrite, nous avons le droit de vous parler franchement et sans détour ; nous avons le droit aussi d'examiner notre situation, et de demander ce que, depuis six mois, on a fait de la Caisse générale,

La nouvelle de l'arrestation du gérant de la Caisse générale des chemins de fer, au moment même où la souscription à l'emprunt ottoman recevait du public un accueil empressé et promettait aux actionnaires les plus brillants résultats, nous frappa de stupeur ; nous comprîmes de suite le coup porté à nos intérêts par un fait aussi grave ; ce fait n'atteignait pas seulement notre société, il atteignait encore tant de grandes entreprises fondées ou patronées par la Caisse ; il mettait en jeu l'existence de tant milliers de familles, et portait un tel coup à la marche générale des affaires, qu'il nous fallut bien croire que l'offense aux lois sociales était proportionnée à la grandeur de la catastrophe. Les rigueurs du ministère public venaient à l'appui de cette pensée.

Cependant, la présence de M. le comte de Germiny, sa mission, calmaient nos inquiétudes.

Les espérances que son intervention nous donnait furent bientôt dissipées par sa retraite, et ce fut vers cette époque, que plusieurs actionnaires eurent la pensée de se réunir.

Le jugement du 4 avril rendit plus impérieuse cette nécessité.

Le 4 avril dernier, sans qu'aucun de nous eût été mis

en demeure, quatre actionnaires inconnus, porteurs en tout de cinquante actions, d'accord avec M. Richardière, adjoint à M. de Germiny, vinrent demander au tribunal la mise en liquidation de notre Société, qui présentait encore, suivant l'état de situation dressé par M. le comte de Germiny, administrateur provisoire, un excédant d'actif sur le passif de 32,500,000 francs.

Point de contradiction possible à l'audience, au moment d'une pareille demande !

Qui donc était mandé devant le tribunal ? qui donc représentait nos intérêts ?

Ces porteurs de cinquante actions qui s'improvisaient ainsi les tuteurs d'une société formée au capital de 50,000,000 fr., représentèrent au tribunal que le gérant était empêché, que le co-gérant avait donné sa démission, etc., etc., nul ne pouvait les contredire, car nul n'était prévenu.

Que pouvait faire le tribunal ?..... Il mit notre société en liquidation.

Cet étrange jugement, surpris à la religion des juges consulaires, nous ne le reconnaissons pas.

Est-ce que notre société est définitivement morte?

Notre gérant a-t-il perdu légalement ce titre?

Enfin, ce jour-là, les actionnaires apprirent que le co-gérant avait donné sa démission, ou, comme vous

l'avez écrit (1), « qu'on lui avait fait donner sa démis-
» sion et qu'on avait choisi deux liquidateurs dont le
» tribunal ne faisait, pour ainsi dire, qu'homologuer la
» nomination. »

Depuis, le jugement du 4 avril a produit ses fruits.

En effet, la plus grande partie de l'actif de la caisse
se composait de titres des entreprises qu'elle avait fondées : Gaz et Ports de Marseille, Chemins romains, etc.
Ces titres subirent, par l'effet de la catastrophe, une
dépréciation énorme, et pendant que l'actif allait chaque
jour s'amoindrissant, le passif se dressait immuable. Il
fallut le combler avec les titres dépréciés, et même faire
de nouveaux sacrifices sur cette dépréciation.

Encore une fois, pourquoi la liquidation ? et pour
qui ?

Qui donc peut se présenter comme créancier non
payé de notre Société?

Vous étiez notre mandataire salarié ; mais, notre
mandataire arrêté, qui donc avait le droit d'en tirer
cette conséquence qu'on devait liquider la Société ! qui
donc pouvait ainsi disposer sans nous de notre pro-
priété personnelle?

Au milieu de l'abandon et de la désorganisation générales, les malheureux actionnaires se sont armés de
la loi de 1856, qui leur permettait de se réunir en

(1) *A mes juges*, pages 220 et 222.

assemblée spéciale. Le premier fait que l'on put constater dans nos réunions, malgré les cruelles inquiétudes de chacun pour ses intérêts et les soupçons terribles qu'autorisaient les rigueurs judiciaires, fut l'absence presque complète de récriminations contre le gérant de la Caisse générale des Chemins de fer. Un protocole fut ouvert, et une pétition fut signée pour être présentée à Sa Majesté l'Empereur.

Ce document, que les journaux étrangers ont seuls reproduit, est ainsi conçu :

A SA MAJESTÉ NAPOLÉON III

EMPEREUR DES FRANÇAIS

Sire,

Une somme considérable, répartie sur un grand nombre d'actionnaires, forme le capital de l'entreprise dont M. Mirès est gérant; et les poursuites dont il est l'objet, en le mettant dans l'impossibilité de remplir ses fonctions, frappent de mort des intérêts immenses qui sont ceux d'une multitude de personnes prises dans tous les rangs de la société,

En présence d'un pareil désastre, qui a pris toutes les proportions d'une calamité publique, les soussignés supplient très-respectueusement Sa Majesté de daigner faire adoucir les mesures de rigueur qui ne seraient pas absolument nécessaires à la marche de l'instruction, et dont l'effet est de porter un grave préjudice aux intérêts des actionnaires.

Dans la situation qui leur est faite par le jugement du tribunal de commerce du 4 avril, présent mois, qui a prononcé la dissolution de la Société de la Caisse générale des chemins de fer et a nommé des liquidateurs, il serait infiniment désirable que la justice consentît à laisser au prévenu toutes les facilités possibles pourqu'au sein même de la détention nécessitée par la poursuite, il puisse veiller aux intérêts qui lui sont confiés.

En appelant la sollicitude de l'Empereur sur le grave préjudice que la détention de M. Mirès, et surtout sa mise au secret, cause aux actionnaires, les soussignés espèrent que Sa Majesté trouvera, dans sa haute sagesse, les moyens de concilier les nécessités de la justice répressive, dont rien ne peut entraver la marche, avec les intérêts de nombreuses familles dont la détention de M. Mirès compromet le sort.

Dans l'espoir qu'un bienveillant accueil sera fait à leur demande, les soussignés ont l'honneur d'être, avec le plus profond respect, de Sa Majesté, les très-humbles et très-obéissants serviteurs et sujets.

Suivent quatre cent soixante et une signatures.

Paris, 15 avril 1861.

Ces quatre cent soixante-une signatures sont la preuve la plus évidente de l'immensité du désastre ; toutes les classes de la société et toutes les fortunes y sont représentées, depuis la pauvre femme salariée détentrice d'une action, fruit d'économies péniblement acquises, jusqu'au porteur de plus de huit cents actions achetées au pair à raison de 500 francs chaque. Une des casernes de Paris nous envoya un nombre infini de signataires. Cette demande était bien de celles qu'on peut présenter au Souverain élu par le riche comme par le pauvre.

Quand il fallut présenter cette demande à l'Empereur, nous parvînmes sans intermédiaire dans le palais des Tuileries, et un aide de camp la plaça sous les yeux de Sa Majesté.

M. le garde des sceaux nous reçut ensuite en audience particulière, avec la plus grande bienveillance, et nous fit espérer que nous pourrions voir enfin notre gérant ; mais malheureusement cette permission ne nous fut pas accordée par M. le juge d'instruction.

Aucune sanction ne manqua du reste à cette manifestation des actionnaires, puisque les scrupules de l'autorité firent vérifier, à Paris comme en province, la sincérité de toutes les signatures.

Vinrent enfin les débats; ils n'ont point changé l'opinion de vos actionnaires. Ce qui nous a le plus frappé, c'est que la plupart des actes incriminés étaient dans l'intérêt de la Caisse générale des chemins de fer.

Chose singulière et bien digne de fixer l'attention ! Vous avez pu connaître combien il existe de faux amis ; l'écho des récréminations du dehors a pu parvenir jusqu'à vous ; vous savez, et mieux qu'autrefois peut-être, ce que valent les hommes ; et pourtant ce sont les victimes mêmes du désastre, ce sont les actionnaires qui, les premiers, ont osé manifester hautement leurs sympathies pour vous et devancer l'opinion publique. Ils n'oublient pas que l'emprunt ottoman, brusquement arrêté au moment du succès, n'était pas seulement une magnifique affaire qui donnait aux actionnaires la plus brillante perspective, mais encore qu'il assurait notre suprématie par la puissance du capital, sur ces magnifiques contrées de l'Orient.

Qu'il nous soit donc permis, puisqu'on nous a ruinés, de dire toute notre pensée, Eh bien ! nous croyons que la trame qui a eu M. de Pontalba pour instrument, n'en voulait pas seulement à votre personne, mais qu'elle en voulait aussi à ces belles opérations qui, quoi qu'en disent les voix ennemies, ont donné de si grandes preuves de vitalité, qu'elles ont pu résister au contre-coup de la catastrophe de la Caisse.

Qu'on mette à pareille épreuve les premiers établissements financiers de l'époque, qu'on arrête leurs gérants, qu'on ferme les portes, qu'on satisfasse en-

suite à toutes les exigences, et qu'on ose dire si un seul
y eût résisté sans compromettre l'intérêt des tiers !

Anjourd'hui les actionnaires espèrent encore, ils se
souviennent que vous avez dit : « *Je consacrerai ma vie
entière à mes actionnaires.* » Ils font plus que prendre
acte de cette promesse, ils y ont foi ; et ils attendent
l'arrêt de la Cour avec confiance, car il peut changer
leur sort en changeant le vôtre.

Courage donc, Monsieur, et confiance dans l'avenir ;
vous vous devez à vos actionnaires, et vos actionnaires
comptent sur vous pour réparer leur ruine.

Agréez, Monsieur, nos bien sincères salutations,

Par délégation,

Le Secrétaire du Comité,

Cʜ. DETAILLE.

111, rue Montmartre.

Paris. — Typ. Monnis et Comp., rue Amelot, 64.